56

My Book and Heart
Shall never part

GUTER ZAUBER

Michael.

Gabriel.

Samael.

Raphaël.

Sachiel.

Anaël.

REceived the twenty ninth day
of the Rd. Mr. Geo. B. the
two Shillings and Six pence being the First Payment of a Copy of
my Help to the Art of Swift Writing, which upon the payment of the
further Sum of two Shillings and Six pence, I Promise to deliver in
Sheets when Printed.

Witness my Hand Wm. Iffin. 537.

Guter Zauber

für

Glück in der Liebe

*Weisheiten
der
Hexe Bree*

Scherz

Für meine beste Freundin und Herzensschwester
Abra Ohlinger,
eine Liebesgöttin ersten Ranges.

ÜBERSETZT AUS DEM ENGLISCHEN
VON MAJA UEBERLE-PFAFF

Die Originalausgabe erschien unter dem Titel
«Witch's Brew. Good Spells for Love»
bei Chronicle Books, San Francisco.

Erste Auflage 2001
Copyright © 2001 by Herter Studio.
All rights reserved.
First published in English by Chronicle Books,
San Francisco, California.
Alle deutschsprachigen Rechte beim Scherz Verlag,
Bern, München, Wien.
Alle Rechte der Verbreitung, auch durch Funk,
Fernsehen, fotomechanische Wiedergabe,
Tonträger jeder Art und auszugsweisen
Nachdruck, sind vorbehalten.
Druck und Bindung: Poligrafici
Calderara S.p.A., Bologna, Italien

DIE ZAUBERRITUALE

Wir leben in allen Dingen;

Alle Dinge leben in uns.

Wir widmen

Diese Übung allen Menschen,

Damit sie Lebensfreude empfinden.

ALTE BESCHWÖRUNGSFORMEL

RECEIVED
of the Rev. Mr. Geo. Beau
two Shillings and Six pence being the
my Help to the Art of Swift Writing
further Sum of two Shillings and Six Pence, I prom
Sheets when Printed.

Witneſs my Hand Wm Oſsin. 537.

EINLEITUNG

Manche Menschen werden als HEXEN geboren. Andere spielen mit ihren Fähigkeiten, bevor sie ihrer angeborenen Kräfte gewahr werden. Ich selbst lernte die Magie schon sehr früh kennen. Noch bevor ich lesen lernte, kannte ich bereits mein Sternzeichen; mit fünf hatte mich meine Tante Edith in das Wissen um die Verwendung von Kräutern als Arzneipflanzen eingeführt. Sie war meine Mentorin, und obwohl sie sich eher als Medizinfrau denn als Hexe bezeichnet hätte, war sie mit der Magie wohl vertraut.

Wie viele andere faszinierte mich in erster Linie
der LIEBESZAUBER. Mit 13 unternahm ich meinen
ersten Versuch. Sofort begann ein bislang völlig
uninteressierter Junge sich brennend für meine beste
Freundin zu interessieren. Seither hatte ich über Jahre
hinweg immer wieder Gelegenheit, diesen besonders
erfreulichen Aspekt der Hexenkunst zu vervollkommnen,
und immer wieder konnte ich beobachten, wie
Zauberrituale Liebe und Leidenschaft wecken
und am Leben erhalten.

Jede spirituelle Heilerin wird bestätigen, dass sie am häufigsten in Herzensdingen um Hilfe gebeten wird. Die Hexenkunst basiert auf dem Wissen, dass wir unser Schicksal selbst in die Hand nehmen können, sogar wenn es um die Liebe geht. Warum sich also in den Fallstricken der Liebe verfangen, wenn wir selbst aktiv werden können? Warum den Samstagabend alleine verbringen, wenn wir das Objekt unseres Verlangens schon kennen? Und warum an unserer Fähigkeit, Liebe zu erwecken, zweifeln, wenn ein wenig Kräuterkunde uns geradezu unwiderstehlich werden lässt?

MAGIE beeinflusst nicht nur das **erwünschte Ergebnis**, sie trägt auch zur eigenen Selbstsicherheit und Persönlichkeitsentwicklung bei. Was wäre besser geeignet als Einstieg in diesen Prozess als Zaubersprüche für Liebesangelegenheiten: Rituale, die die Aufmerksamkeit und Sehnsucht eines geliebten Menschen auf uns lenken, die Verbindung zwischen einem Paar festigen, die sexuelle Energie wecken, ein gebrochenes Herz heilen und – was vielleicht am wichtigsten ist – dazu führen, dass wir uns selbst mit mehr Liebe und Mitgefühl begegnen. In diesem Büchlein finden sich geheime Rezepte für Aphrodisiaka, rituelle Liebesfeiern und Einblicke in das geheimnisvolle Wirken des Mondes und der Sterne.

Am wirksamsten wird dein LIEBESZAUBER, wenn du Kräuter verwendest und Sternzeichen wählst, deren spezifische Eigenschaften das gewünschte Ergebnis unterstützen. Willst du beispielsweise das Gespräch mit einem gut aussehenden, schüchternen jungen Kollegen in Gang bringen, tust du dies am besten, wenn der Mond im Zeichen der Zwillinge steht, denn dann steht die Kommunikation unter einem günstigen Stern. Und wenn du die Dinge etwas anheizen willst, lade den Mann zu einem verführerischen Abendessen im sinnlichen Skorpion-Mond ein. Eine verlorene Liebe lässt sich am besten im Krebs-Mond wiederbeleben, denn das ist die Zeit für nostalgische Gefühle. Wie überall ist das Timing wichtig, und bestimmte Tage sind nun einmal geschaffen für die Liebe.

In diesem Buch geht es ausschließlich um WEISSE MAGIE,
die Licht und Liebe in das Leben der Menschen bringt.
Nimm dich dennoch vor der Macht dieser Zaubersprüche
in Acht! Versuche Anfängerfehler zu vermeiden und
füge niemals jemandem Schaden zu. Die Kräfte,
mit denen wir umgehen, dürfen nicht unterschätzt
werden, und je mehr du übst, desto stärker
wird dein Zauber wirken.

Es ist leicht, eine GUTE HEXE zu werden. Mit Willenskraft, einer liebevollen inneren Haltung, einigen natürlichen **Zutaten** und einer Spur **Magie** werden die folgenden Rezepte **aufregende Flirts, zauberhafte Romanzen** oder eine große und **innige Liebe** herbeiführen. Ich hoffe, dass du und die Menschen, die du liebst, aus der zeitlosen Weisheit Nutzen ziehen werden. Sie fußt auf einer großen Tradition, und meine Bitte lautet: Gib sie weiter.

PRAKTISCHE MAGIE

Jede **gute Hexe** weiß, dass die besten Zutaten für ihre
Tränke in ihrer KÜCHE oder ihrem GARTEN zu finden
sind. Viele Pflanzen, die heute als Unkräuter gelten,
besitzen eine große Heilkraft und magische Eigenschaften.
Die meisten Kräuter und ätherischen Öle in diesem Buch
sind mittlerweile sehr bekannt. Öle, Duftkerzen und
andere Produkte der **Aromatherapie** sind im Handel
erhältlich. Die ungewöhnlicheren Ingredienzien
bekommst du am ehesten in einem Biomarkt,
Naturkostladen oder über den Esoterikbedarf.

Rose

Alle Zutaten, die in diesem Buch genannt werden, sind harmlos. Konsultiere jedoch einen Arzt, wenn du besonders empfindlich bist und unter Allergien leidest.

MONDPHASEN

Ein Zauberritual ist **besonders wirkungsvoll**,
wenn es zu einem optimalen Zeitpunkt innerhalb des
MONDZYKLUS durchgeführt wird.

Jeder Mondzyklus beginnt mit einer «neuen» Phase,
wenn der Mond zwischen der Sonne und der Erde steht,
so dass die beleuchtete Seite von der Erde aus nicht
sichtbar ist. Dann nimmt der Mond allmählich zu, bis er
auf der entgegengesetzten Erdseite angelangt ist. Wenn
der Mond diese erreicht hat, nennen wir die hell
leuchtende Mondscheibe den **Vollmond**. Der Mond
wandert danach wieder zwischen Erde und Sonne, bis die
Neumondphase erreicht ist.

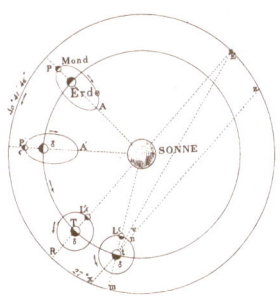

Der gesamte Zyklus dauert einen Monat,
währenddessen der Mond die Erde umkreist. Um das
Sonnenzeichen zu bestimmen, das den Mond beherrscht,
brauchst du einen Mondkalender oder einen
astrologischen Kalender. Der Mond tritt alle zwei bis
drei Tage in ein neues Zeichen ein.

DIE
ZAUBERRITUALE

Das erste Pentagramm der Venus:
bringt dem Besitzer Freundschaft.

Eine
neue Liebe

Beleth:
bringt den Geist der Liebe zu zwei Menschen.
Beliebt bei jungen Frauen, die einen Heiratsantrag erhoffen.

DER LIEBESALTAR

Ein ALTAR ist ein Ort der **persönlichen Kraft**,
an dem Zauberrituale durchgeführt werden. Dein
persönlicher Altar sollte dein tiefstes Inneres ausdrücken
und mit Gegenständen geschmückt sein, die dir am
Herzen liegen. Ein Altar darf immer wieder neu
gestaltet werden, sich mit den Jahreszeiten verändern
und deine inneren Stimmungen widerspiegeln.

Wähle als Altar einen kleinen Tisch oder eine Truhe und verkleide ihn mit **kostbaren, farbigen Tüchern** – zum Beispiel roter Seide oder einem burgunderfarbenen Samtschal. Stelle je eine rote und eine rosarote Kerze neben einen Tiegel mit duftendem Räucherwerk wie Ambra, Rose oder Jasmin. Schmücke den Altar mit Gegenständen, die für dich die Liebe repräsentieren: ein herzförmiges Stück rubinrotes Glas, ein Potpourri aus Rosenblättern und Amethysten, ein Foto deines Liebsten. Freitag kurz vor Tagesanbruch ist der geeignete Zeitpunkt für einen Liebeszauber. Bevor du die Kerzen anzündest, salbe sie mit einem Liebesöl deiner Wahl.

Betupfe deine Handgelenke, die Kehle und die linke Brust
über dem Herzen mit demselben Öl. Jasminöl und
Rosenöl senden sehr starke Liebesschwingungen aus, die
Menschen anlocken und bezaubern. Wünschst du dir
sexuelle Erfüllung, blicke in die Flamme der roten Kerze,
geht es dir mehr um Zuneigung oder Flirts, blicke in die
rosarote Kerze. Dieser einfache Zauberspruch hat, wenn er
laut gesprochen wird, eine starke magische Kraft.

Venus, bade mich in deinem Schein,
Heute will ich Göttin sein.
Einen Liebsten, mutig, stark und treu,
Suche ich, dein Abbild, ohne Scheu.

LIEBESMOND

Um eine **neue Liebe** zu gewinnen, stell zwei Tage vor
Vollmond eine rosarote Votivkerze in einen Räuchertiegel
oder in ein großes Metallgefäß. Lege eine Rose und ein
Glöcklein neben den Tiegel. Salbe den Docht der Kerze
mit Apfelblütenöl oder Rosenöl. Umschließe nun an zwei
Abenden die Kerze mit beiden Händen und sende
liebevolle Gedanken in die Flamme.
Nimm in der Nacht des Vollmonds einen Dorn
der Rose und ritze deinen Herzenswunsch
in das Kerzenwachs, während du laut sagst:

Ich werde wahre Liebe finden.

Zünde die rosarote Kerze an und klingle dreimal
mit dem Glöcklein, während du sagst:

Brennt die Kerzenflamme hell, find ich einen treuen Liebsten.
Wie ihr Licht nun stärker strahlt, wird sein Feuer mich
entfachen.

Klingle erneut dreimal mit dem Glöcklein und sieh zu,
wie die Kerze vollständig herunterbrennt.

Brew of Mandrake

DER
FASZINIERENDE FREMDE

Erzähl mir nicht, dass in deinem Lieblingscafé noch nie
jemand sass, den du brennend gerne kennen gelernt
hättest, oder dass du noch nie in einem voll besetzten Bus
lange, bedeutungsvolle Blicke gewechselt hast.
Schüchternheit hat dir die Sprache verschlagen,
und nun hoffst du darauf, dass der Zufall euch
zusammenführen wird. Hier ist ein zuverlässiges
Ritual für dich:
Nimm eine Alraunewurzeln in Männergestalt
(in Natur- oder Esoterikläden erhältlich)
oder eine Statue oder ein Foto eines Mannes.

Leg sie auf den Altar, streue rote und rosarote Rosenblätten um sie herum und stell rote und rosarote Kerzen daneben auf, dazu zwei Kelche mit Rotwein. Nun zünde eine Woche lang jeden Abend die Kerzen an, wobei du an einem Freitag beginnen musst. Nippe an dem Kelch und sprich:

Fröhlicher Fremder, Freund meines Herzens,
Fröhlich werden wir uns wiederfinden.
Ich grüße dich, mein schöner Freund,
Ich nippe vom Wein und trinke dir zu,
Dass wir uns froh begegnen und froh verlassen
Und froh wiederfinden werden.

Achte in nächster Zeit auf dein Aussehen, denn schon bald werden sich eure Blicke wieder treffen.

Erde:
Auf symbolische Weise mit dem Mutterschoß in Verbindung
gebracht, erscheint sie häufig als stillende weibliche Gottheit.

LIEBESÖL

Gönne dir in einer mondhellen Nacht dieses **rituelle Bad
für die Sinne**, das deine Haut zum Glänzen bringt
und sie mit einer verführerischen Aura umgibt.
Besonders sinnlich ist ein Bad natürlich zu zweit.

Lass dampfend heißes Wasser einlaufen.
Misch einen Zusatz aus:
100 g Aprikosenkernöl
100 g Mandelöl
30 g Aloe-Vera Gel
15 g Rosenwasser
13 Tropfen Jasminöl
6 Tropfen Rosenöl

Gieß davon so viel ins Bad, wie du magst. Die Zutaten müssen gut vermischt sein, damit die Kraft der Öle nicht verwässert wird, bevor die magischen Eigenschaften sich entfalten können.

Stell dir beim Ausziehen vor, dass du dich für deinen Lover entkleidest. Streue Kamillenblüten und Schafgarbe auf das heiße Wasser. Zünde eine rosafarbene oder rote Kerze an (für Leidenschaft) und sprich:

Mein Herz ist offen, mein Geist schwingt empor.
Göttin, bring mir meinen Liebsten.
Glück und Segen.

Während du dich im Wasser entspannst, **träume davon**, was du tun wirst, wenn sich die Gelegenheit bietet, und freue dich an dem rosigen Schimmer, der dich umgibt.

GLANZ UND GLAMOUR

Nur wenige Menschen wissen, dass die ursprüngliche
Bedeutung von **Glamour** auf ein schottisches Wort
aus dem 17. Jahrhundert zurückgeht, das einen
Zauberbann bezeichnet, mit dem man ein Gegenüber
belegt, von dem man angeblickt wird.
Such bei zunehmendem Mond die **Ringe, Halsketten**
und **Ohrringe** heraus, mit denen du dich zu einer
besonderen Gelegenheit schmücken willst, und leg sie auf
den Altar, um sie mit Zauberkraft zu durchtränken. Misch
die heiligen Kräuter Verbene, Distel, Kamille und
Holunderblüte. Bedeck nun deinen Schmuck mit der
Mischung und streue Salz darüber. Nimm dann die
Schmuckstücke in die Hand und sprich:

Segne diesen Schmuck, segne Herz und Hand
Der Trägerin mit deinem himmlischen Licht.
Mögen alle, die mich betrachten,
Mit Augen der Liebe auf mich schauen.

Ein Granatkette

Tasse und Untertasse

LIEBESBANDE

Schreib mit roter Tinte auf ein kleines Blatt Papier
den Namen deines Wunschgeliebten und roll das Papier
zusammen. Salbe es mit Rosenöl oder Ambra. Binde die
Rolle mit einem roten Band zusammen und sprich bei
jedem Knoten den entsprechenden Satz:

Einen, meine Liebe zu suchen, einen, meine Liebe zu finden,
Einen, meine Liebe zu bringen, einen, meine Liebe zu halten.
Für immer gebunden, für immer vereint,
So möge es sein.

Lass die Papierrolle unter einem Kerzenhalter mit
roten Kerzen an der nördlichen Kante deines Altars liegen,
bis sich dein Wunsch erfüllt hat. Überleg dir gut, was du
willst – dieser Zauberspruch ist von Dauer.

L... the 21ˢᵗ Day of *October*

Received of ... *the Master and Wardens of the Stationers Comp*
the Sum of *Thirty five Pounds* 19 *s* 0 *d* 2 ...
Being in full for *Thirty five Pound* ...
in the Capital and Principal Stock
of the Governor and Company of Merchants of Great-Britain,
Trading to the South-Seas, and other Parts of America, and for
Encouraging the Fishery, &c. this Day Transfer'd in the said
Company's Books, unto the said *the Masters Wardens*

Witness,   By...   *Lewis Vanden Enden*

LIEBESTEE

Ein einfaches Rezept für ein Getränk, das genau die richtige
Stimmung für einen **romantischen Abend** erzeugt.
Rühr im Uhrzeigersinn zusammen:

30 g getrocknete Hibiskusblüten
30 g getrocknete und pulverisierte Hagebutten
15 g Melisse
15 g getrocknete Minze (ideal ist Pfefferminze)
15 g Mädesüß

Bewahre diese Mischung in einem dunklen Glas oder
Behälter mit Deckel auf. Sie hält sich ein Jahr,
und danach kannst du die Kräuter als wohltuende
Zusätze ins Kaminfeuer streuen.

Wenn du einen Tee aufbrühen willst, benutze dafür deine schönste Teekanne und gieß kochendes Wasser über die Kräuter. Du brauchst pro Tasse zwei Teelöffel. Rezitiere den folgenden Spruch während der fünf Minuten, in denen der Tee zieht, und visualisiere deinen Herzenswunsch:

Kräutertrank für Liebesfeuer
Stärke ich mit meinem Wunsch.
Wenn zwei Menschen ihn sich teilen,
Wird die Liebe zu ihnen eilen
Wie einstmals im Paradies.

Süße den Tee mit Honig und teile diesen köstlichen Trunk mit dem Menschen, den du liebst.

TREUE UND BESTÄNDIGKEIT

Um eine Frau zu gewinnen:
Halte dieses Siegel gegen die Lippen gepresst,
bevor du ausgehst, und du gewinnst die Liebe und Fügsamkeit
des gesamten weiblichen Geschlechts.

KOPFKISSENGEHEIMNISSE

Wenn aus einer beginnenden Romanze eine **beständige Liebe** erblühen soll, kann ein Liebeskissen gute Dienste tun. Dieser mächtige Zauber funktioniert am besten, wenn du ein weiches, selbst gemachtes Kissen dazu verwendest. Fülle an einem Freitag eine Kissenhülle aus rosarotem Satin mit möglichst weichen Daunenfedern und den getrockneten Blättern einer roten Rose, die dir dein Liebster geschenkt hat oder die aus deinem Garten stammt. Nähe die Hülle mit goldenem Faden zu und flüstere dabei:

Hier ruht das Haupt meines treuen Gefährten.
Nächtliches Entzücken ist uns beschieden. So möge es sein.

Salbe den Faden mit Ambra- und Rosenöl,
besonders wenn du Besuch erwartest …

SCHICKSALSTRAUM

Dieses Ritual wird dir helfen herauszufinden, ob dein neues Glück **anhalten** wird. Wenn du oder dein Liebster euch noch nicht schlüssig seid, könnt ihr euch von euren Träumen leiten lassen. Trefft euch zu einem romantischen Abend und begeht gemeinsam das folgende Ritual, das zu Hellsichtigkeit verhilft. Füll einen Beutel aus rotem Samt oder Satin (ein zusammengefalteter Schal tut es auch) mit Lavendel, Thymian, Zimt, Gewürznelken, einer Vanilleschote und einem Tropfen Jasminöl. Binde die Enden zusammen und halte den Beutel in beiden Händen, bis deine Wärme und Energie in das Potpourri eingeflossen sind. Sprich laut:

Venus möge meine Träume lenken – ist er der Richtige für mich?

Steck den Beutel vor dem Schlafengehen unter dein Kopfkissen. Lass beim Aufwachen deine Träume Revue passieren und frag deinen Freund nach seinen. Ihr werdet sofort eine Antwort bekommen.

Venus: Göttin der Liebe.

ZAUBERTRANK
FÜR DAUERHAFTES LIEBESGLÜCK

Wenn du in deiner Beziehung auf Treue Wert legst,
pflück bei zunehmendem Mond im Schutz der Nacht
einige **Magnolienblüten**. Bereite aus ihnen einen Tee zu,
den du mit Honig süßt, oder streu die Blüten über Salat
oder in eine Suppe.
Rezitiere dabei diesen einfachen Spruch:

Liebster, sei ehrlich, Liebster, sei treu.
Nur darum bitte ich dich.
Gib dein Herz keiner anderen als mir.
Dies ist mein Wunsch.
So soll es sein.

Bevor du dich mit deinem Freund den Tee oder
die Suppe teilst, flüstere deinen Wunsch:

Honigmagnolie, Kraut der Göttin,
Vollzieh du für mich diesen herrlichen Zauber.
Lass (sein Name) und mich in Liebe vereint sein
Auf immer und ewig, und Schaden entstehe keinem.
So wirkt nun das magische Wort.

Dies müssen du und dein Liebster mit einem Kuss
besiegeln. Füttere dann denjenigen, den du nie verlieren
willst, und seine Treue wird von nun an beständig sein.

LIEBESBRIEFE

Liebesbriefe sind eine **alte Kunst**. Wessen Herz macht
keinen Sprung, wenn der oder die Angebetete
leidenschaftliche Gefühle auf Papier verewigt?
Zaubertinte, spezielles Papier und magisches Wachs
werden das ihre dazu tun.

Nimm ein besonders schönes Blatt Papier
(handgeschöpftes oder cremefarbenes Briefpapier mit
Wasserzeichen ist ideal) und verwende zum Schreiben
Zaubertinte, die es als «Drachenblut» in den meisten
Esoterikläden gibt. Oder stell selbst die unten
beschriebene Tinte her.

Parfümiere die Briefe mit deinem speziellen Duft oder einem Öl, das deinem Liebsten gefallen wird, zum Beispiel Ambra, Vanille oder Ylang-Ylang. Versiegle den Brief mit Wachs, das du ebenfalls mit einem Tropfen Öl parfümiert hast, und natürlich einem Kuss.

Bevor der Brief verschickt wird, zünd eine Kerze an, die du mit deinem Lieblingsduft gesalbt hast, und sprich laut:

Eros, trage meine Botschaft auf den Schwingen des Begehrens,
Damit mein Liebster vor Verlangen sich verzehre.

Bitte auf jeden Fall um eine Antwort.

ZAUBERTINTE

Wenn du das Glück hast, auf dem Lande zu leben oder eine Wiese in der Nähe zu haben, findest du leicht Kermesbeeren. Sie sind ungenießbar und giftig, aber man kann wunderbare dunkelrote Tinte aus ihnen herstellen. Dieser weinfarbenen Flüssigkeit kannst du mit einem einfachen Spruch magische Kräfte verleihen.

Fülle bei abnehmendem Mond ein Glasfläschchen mit dunkelroter Tinte und füge den Saft von Kermesbeeren hinzu. Gib einige Tropfen Burgunderwein dazu und einen Tropfen eines fruchtigen ätherischen Öls wie Apfelblüte, Aprikose oder Pfirsich.

Wagemutige Hexen stechen sich manchmal in den Finger und lassen einen Tropfen Blut in die Tinte fallen. Sprich laut:

Mit eigner Hand vollziehe ich den Zauber,
Mit heiliger Tinte schreibe ich mein Schicksal
Und finde die glückliche Liebe, die ich suche.
Glück und Segen.

Nun beschreibe mit Zaubertinte den gemeinsamen Lebensweg, den du dir für dich und deinen Liebhaber wünschst.

Liebeskräuter der Zigeuner

Viele Zigeunerinnen erfreuen sich einer **langen, beständigen Liebe,** weil sie einen Zauberspruch rezitieren, während sie Roggenmehl und Piment unter praktisch jedes Essen mischen. Sie rühren die Zutaten ein und sprechen dabei:

Roggen der Erde, Piment für Feuer,
Sie zu essen entfacht das Begehren.
Jenem gebe ich es, dessen Liebe ich ersehne,
Und sein Herz wird mir für immer gehören!

DER GARTEN
DER IRDISCHEN LÜSTE

Eine Beziehung kann buchstäblich kultiviert werden.
Indem du Blumen pflanzt und pflegst, die besondere
Eigenschaften besitzen – wie der nachtblühende
Jasmin für gesteigerte Sinnlichkeit und Lilien für eine feste
Bindung –, kannst du deiner Beziehung neue Nahrung
geben. Pflanze, wenn der Neumond in den von Venus
regierten Zeichen Stier oder Jungfrau steht, verschiedene
Blumen, die dich mit Schönheit und sanfter Energie
umhüllen werden.

Bevor du die Setzlinge oder Samen in Töpfe oder Blumen-
beete pflanzst, segne den Boden mit einem Gebet um
Gesundheit für deine Pflanzen, für dich selbst und für
deine Beziehung.

Zünd eine schwarze Kerze an, um schlechte Energien
zu vertreiben, und stell sie in die Mitte eines Kreises, den
du mit einem Stock gezogen hast. Tauche die Hand in eine
Tonschüssel mit Wasser und sprenge einige Tropfen
hinter dich und vor dich. Sing dazu:

Großer Geist, ich bitte dich:
Reinige das Land, du größter Magier von allen.
Mit meinen Händen werde ich pflanzen und säen.
Und ein Heilgarten wird nun hier entstehen.
Geheiligt seist Du und die Hüter der Erde.

DER GARTEN DER INDRA

Sämtliche Kulturen stellen sich das **PARADIES** als **üppiges Blumenmeer** vor. Eden war praktisch ein Dschungel. Radha und Krishna, das Paar aus dem Kamasutra, liebten sich inmitten von Blüten, Ranken und duftenden Bäumen.

Pflanzen und Blumen geben deiner Umgebung ein himmlisches Flair. Blumensträuße im Schlafzimmer und Wohnzimmer wirken ausgesprochen anziehend. Wenn du dich als blütenduftende Kurtisane präsentierst, wird dein Liebster nicht nur deinen grünen Daumen bewundern! Hier ein paar der aufregendsten Blumen:

GOLDLACK

Cheiranthus cheiri, die «Blume der Treue»

WEISSDORN

Crataegus axyacantha, die «Blume des Herzens»

YERBA SANTA

Eriodyction glutinosum,
die «Blume der emotionalen Befreiung»

STORCHSCHNABEL

Geranium maculatum, die «Blume der Beständigkeit»

GEISSBLATT

Lonicera caprifolium, die «Blume der Einheit»

NACHTKERZE

Oenothera biennis, die «Blume der stummen Liebe»

ROSE
Rosa, die «Blume der Liebe»

MUSKATELLERSALBEI
Salvia sclarea, die «Blume des Entzückens»

LINDENBLÜTE
Tilia europea, die «Blume der Anmut»

IMMERGRÜN
Vinca, die «Blume der Nähe»

INGWER
Zingiber officinale, die «Blume des Paradieses»

SINNLICHE STUNDEN

Die Alchemistische Hochzeit:
symbolisiert die Vereinigung der Gegensätze oder
die Vereinigung von Menschlichem und Göttlichem.

ZAUBERTRANK DER VENUS

Trinke mit deinem Liebsten zusammen diesen
schmackhaften Tee, er wird eure LEIDENSCHAFT
beflügeln.
Leg eine Ginsengwurzel in einen Liter destilliertes Wasser
oder Quellwasser und erwärme das Wasser eine Stunde
lang. Lass den Topf geschlossen, rühre nicht um:
Das Wasser soll nicht kochen. Gönn dir selbst eine Tasse,
damit die Macht der Liebe wirksam wird.
Bevor du den köstlichen Trank zu dir nimmst, sag einfach:

Gabe der Göttin und Zauber des Mondes,
Möge die Blume unserer Liebe sich voll entfalten.

Vor einer Liebesnacht getrunken, wird der Tee dir
Ausdauer verleihen und unvergeßliche Stunden bescheren.

LUSTVOLL GENIESSEN

Versprich dir beim nächsten Vollmond, alleine oder mit
deinem Lover, dass du die Kraft der **EROTIK** ganz und gar
auskosten willst. Beginn mit einem schwelgerischen Bad
in warmem Wasser, dem du ein ätherisches Öl zufügst,
in dessen Duft du dich ganz besonders sexy fühlst.
Für mich ist das eine Mischung von Vanille und Ambra,
die mich noch nie im Stich gelassen hat.
Wenn ich sie auftrage, fühle ich mich wie von
einer Wolke aus Sinnlichkeit umhüllt.

Setz dich in einen verdunkelten Raum, der nur von flackernden, mit Jasmin, Moschus oder Ambra gesalbten Kerzen erhellt wird, halte eine Tasse Jasmintee hoch oder ein Glas Wein von einem Jahrgang, der dich an eine glückliche Zeit erinnert, und sprich laut:

Ich erwecke nun die Göttin in mir.

Der Macht der Liebe ergebe ich mich.

Durch mein Feuer erleuchte ich die Nacht.

Beim Trinken macht sich mein Körper bereit.

Ich bin lebendig! Ich bin Liebe! So soll es sein.

Du wirst vor Leidenschaft glühen und dich von deinem Liebsten intensiv angezogen fühlen.

SINNLICHE MASSAGE

Ich amüsiere mich immer köstlich, wenn ich sehe, wie eine
Frau in der Apotheke ein Körperöl auf Sesambasis
verlangt. Ahnungslos wird sich die Frau mit dem Öl
einreiben und nicht begreifen, warum sie sich so sexy fühlt
und so viele Blicke auf sich zieht. Gekauftes Öl tut es zur
Not auch, aber eine Mixtur, die du selbst hergestellt hast,
ist zehnmal wirksamer. Du kannst sie als HAUTCREME
oder MASSAGEÖL benutzen.

Gib zu einer Tasse Mandel- oder Sesamöl 20 Tropfen
Moschus-, Sandelholz- oder Orangenblütenöl. Schüttle
alles gut und erwärme die Flüssigkeit langsam und
bedacht. Ich benutze dazu einen Ölwärmer aus Ton mit
einer Votivkerze darunter, aber die Herdplatte geht auch.

Während du auf das Öl aufpasst, blicke in das Licht der Kerze oder der Gasflamme und flüstere:

Die Augen meines Liebsten sind wie die Sonne.

Sein Körper ist wie das Land.

Seine Haut ist sanft wie Regen.

Heute sind wir beide eins.

Ist das Öl handwarm, gieß es in eine rosarote Schüssel und stell diese neben das Bett. Zieh deinen Geliebten sanft aus und bitte ihn, sich auf saubere Laken oder Handtücher zu legen. Bei jeder zärtlichen Berührung wird sich sein Verlangen nach dir steigern. In dieser Nacht werden zwei Liebende die EKSTASE kennen lernen.

TRANK DER EXSTASE

Ein Gebräu aus der Alraunewurzel, mit ein paar Tropfen
vom Schweiß des Geliebten versetzt, wird im
Schlafzimmer versprengt, um exstatische Zustände
herbeizuführen. Rezitiere dabei den folgenden Chant:

Trank der Alraune,
Trank des Begehrens,
Umschließe dieses Bett mit dem Feuer der Lust.
Ekstase sei uns heute geschenkt.
Das ist mein Wille. So soll es sein.

TANTRISCHE LUST

Tantra, ein häufig überstrapazierter und falsch verstandener
Begriff, kommt aus dem Sanskrit und bedeutet «Ritual,
Meditation, Disziplin». Er beinhaltet die Verehrung
der männlichen (**lingam**) und weiblichen (**yoni**) Gottheit,
in der Göttlichkeit durch eine gleichermaßen erotische
wie emotionale Vereinigung erlangt wird. Dieser
einzigartige Zugang zu einer vertieften Liebe zwischen
dir und deinem Partner setzt voraus, dass ihr euch
über eure Absichten einig seid.

Kauf dir beim Blumenhändler oder Gärtner so viele
Gardenien, wie du dir leisten kannst – zehn oder zwanzig
dieser himmlischen Blumen werden deine LIEBESLAUBE
mit einem süßen, verführerischen Duft erfüllen. Leg einige
Blüten in durchsichtige Glasschüsseln, einige in eine

Fußwanne mit warmem Wasser und streu ein paar Blätter aufs Bett. Zieh deine Kleider aus und zünd eine Kerze mit Gardenienduft am Kopfende des Bettes an. Zerreibe die Blütenblätter auf deiner Haut und den Haaren, dann sprich diesen Chant:

Von den Sohlen deiner Füße bis zum heiligen lingam
Und weiter zu den Haaren, die dich krönen,
Huldige ich dir heute Nacht.
Geliebter und Gott – an diesem Abend weihe ich dir in Exstase
Mein ganzes Wesen. So soll es sein.

Beschmückt mit nichts als einer Blüte hinter dem linken Ohr begrüße nun deinen Lover an der Tür. Führe ihn zu dem geschmückten Bett und wasche, trockne und öle seine Füße mit großer Achtsamkeit. Die Liebesnacht, die nun folgt, wird euch neue Höhen von Leidenschaft und spiritueller Intensität zeigen.

Das Öl der Aphrodite

Bei Männern stimuliert dieses Öl das sexuelle VERLANGEN und steigert die Potenz. Mische in einem schönen Fläschchen oder Krug, wenn möglich rot oder rosarot, mit einem Silberlöffelchen die folgenden Zutaten:

5 Tropfen Rosmarinöl
5 Tropfen Patschuli
10 Tropfen Yohimbin-Extrakt
Eine Messerspitze pulverisierte Ginsengwurzel
2 Esslöffel Sesamöl

Verteile das Öl mit den Fingern auf Kerzen und auf die Haut deines Liebsten. Statt einer Beschwörungsformel sprich dabei liebevolle Worte mit deinem Geliebten.

Für Frauen: Folge denselben Anweisungen, aber ersetze Yohimbin und Ginseng, die bei Männern äußerst stimulierend wirken, durch eine Messerspitze Safran und zermahlenes Engelwurz, das im Orient seit langem als belebendes Tonikum für Frauen bekannt ist.

RENDEZVOUS AN BELTANE

Beltane ist die GROSSE LIEBESFEIER aller Hexen, die mit
Festlichkeiten und zeremoniellen Ritualen am 30. April
begangen wird. Die alten Kelten machten daraus einen
Tag hemmungsloser Ausschweifungen und sexueller
Freizügigkeit – an diesem einen Tag im Jahr war es
erlaubt, einen anderen als den eigenen Mann zu lieben.
Nach einem nächtlichen heidnischen Liebesfest wird der
1. Mai mit einem Maibaum und Tänzen gefeiert.
Entscheide selbst, wie dein Beltane verlaufen soll. Die
Hauptsache ist, dass es **ein sinnliches Erlebnis** mit Essen,
Tanzen, Sex und viel Gelächter wird.

Ideal ist es, wenn du Beltane **im Freien** feiern kannst. Aber auch im Haus kannst du das Essen auf dem Boden servieren und darauf bestehen, dass die Füße nackt sind und bequeme Kleidung getragen wird. Biete eine verlockende Auswahl an Leckereien an, die man mit den Fingern essen kann, dazu Met, Bier und Wein. Räuchere den Raum aus, stell einige Dutzend weiße, rote und grüne Kerzen auf und dazu Frühlingsblumen wie Osterglocken und Narzissen. Deute mit ausgestrecktem Arm in alle vier Richtungen und sprich: «Zum Osten, zum Norden, zum Westen, zum Süden.» Und danach:

Hufe und Horn, Hufe und Horn,
heute wird unser Geist neu gebor'n.
Willkommen, Freude, in meinem Haus –
Liebe und Lachen schütte über uns aus.
So soll es sein.

Wenn deine Gäste eintreffen, bitte sie, eine Kerze ihrer
Wahl anzuzünden und ihren heimlichen **Beltane-Wunsch**
in das Wachs zu ritzen. Danach werden die Gäste gebeten,
die Gegenstände, die sie auf deine Bitte hin mitgebracht
haben, auf den Altar zu legen – vielleicht einen rosaroten
Edelstein, einen Apfel als Liebessymbol oder vielleicht ein
glatt geschliffenes Stück Glas. Dann können sich alle
hinsetzen, essen, trinken und sich amüsieren. Später teilst du
dann farbige Bänder und Blumen aus, die sich die Gästen
gegenseitig ins Haar flechten oder um Handgelenk, Finger
und Zehen winden. Bald wird es sehr ausgelassen zugehen.
Dreh die Musik lauter; echte Gitarren und Trommeln sind
natürlich besser. Wenn die Gruppe für alles offen ist, bildet
einen Kreis und beschwört die lüsternen Maigeister.

DIE HEILUNG
GEBROCHENER HERZEN

Sol und Luna:
Die Sonne braucht den Mond wie der Hahn die Henne.
Die Sonne und der Mond sind beide aus demselben Ei geschlüpft
und stellen die ewige Anziehung der Gegensätze dar.

DIE WEISHEIT DES WINDES

Einer bekümmerten Freundin zu helfen, über eine
enttäuschende Beziehung hinwegzukommen,
wirkt sich auf alle **heilsam** aus. Als zum Beispiel ein
guter Freund von mir von einer Frau, mit der er zwei Jahre
zusammen gewesen war, sang- und klanglos fallen
gelassen wurde, verfiel er in eine tiefe Depression. Ich
machte mir Sorgen um ihn und wollte gerne helfen. Ich
wusste, dass mein Freund jeden Tag zu Fuß zur Arbeit
ging und beschloss, die reinigenden Kräfte des
Windes ins Spiel zu bringen.
Im Blumenladen kaufte ich zwei langstielige weiße Rosen.
Von einer zupfte ich die Blütenblätter ab und vermischte
sie mit einer Tasse aromatischem Lavendel. Ich segnete die
Mischung mit den Worten:

Wind des Ostens, frei und weise,
Öffne (Name des Freundes) die Augen,
Eine bessere Liebe zu erkennen.

Entlang seinem Arbeitsweg warf ich die Blüten
in den Wind, so dass mein Freund auf sie treten und ihre
heilsamen Kräfte freisetzen würde. Als er im Büro ankam,
fand er auf seinem Schreibtisch die zweite langstielige
Rose und eine Einladung zum Mittagessen vor.
Von diesem Tag an besserte sich seine Stimmung,
die Winde hatten geholfen.

BERUHIGUNGSÖL

Um einer traurigen Freundin oder dir selbst zu helfen, gib fünf Tropfen der folgenden Öle in ein geruchloses Basisöl oder in Mandelöl:

Glyzine – Nelke – Jojoba – Neroli

Schüttle die Flüssigkeit gut und füg ein paar kleine Rosenquarzkristalle hinzu. Biete deiner Freundin an, ihr den Kopf und Nacken zu massieren. Tupfe das Öl auf ihre Schläfen, den Nacken und die Schultern und verreibe es mit sanften, kreisenden Bewegungen auf der Haut. Rufe im Stillen Venus als Beistand herbei. Schenke den Rest des Öls deiner Freundin, damit sie es benutzen kann, wann immer sie Entspannung braucht.

ZAUBERBANN GEGEN KRÄNKUNGEN

Ein Freitag im Venus-Neumond ist die perfekte Zeit, **neue Wege** zu betreten und alten Beziehungs-»Ballast« abzuwerfen. Stell eine Schale mit Wasser auf deinen Altar. Zünd zwei rosafarbene Kerzen mit Rosenduft an sowie eine weiße Kerze mit Gardenien- oder Vanilleduft. Verbrenne dazwischen Ambraräucherwerk. Streue Salz auf das Altartuch und läute mit dem Glöcklein. Danach sprich laut:

Schmerz und Kränkung sind heut Nacht gebannt;
Erfülle dieses Herz und Heim mit Licht!

Klingle nochmals mit dem Glöcklein. Schütte das Wasser vor die Haustür, und dein Liebeskummer wird mit ihm verdunsten.

LOSLASSEN

Jeder und jedem von uns fällt es manchmal schwer, eine
Beziehung loszulassen. Um dich endgültig zu befreien,
schlinge dir bei abnehmendem Mond, wenn die Dinge
zur Ruhe kommen können, eine schwarze Schnur um die
Taille. Binde einen symbolischen Gegenstand aus der
alten Beziehung daran fest – ein Foto, ein Souvenir, eine
Haarlocke. Segne eine Schere, indem du sagst:

Vergangenes ist vorbei und Liebende sind getrennt.
Ich bitte dich, mein Herz zu verlassen.
Geh in Frieden, keinem erwachse Schaden.
Mein neues Leben hat nun begonnen.

Schneide die Schnur ab und wirf das Erinnerungsstück weg.
Du solltest dich sofort freier und leichter fühlen und
wirst jetzt, da du nicht länger von einer verlorenen Liebe
niedergedrückt wirst, viele neue Verehrer finden.

NEUBEGINN

Mit diesem Zauberspruch kannst du einen neuen
Menschen kennen lernen oder auch in einer bereits
bestehenden Beziehung eine **neue Phase** einläuten. Zünde
an einem Montagmorgen vor Sonnenaufgang eine
rosarote und eine blaue Kerze an. Betupfe beide Kerzen
mit Lilien-, Fresien- oder Jasminöl. Leg eine Lilie und
etwas Katzenminze auf den Altar. Leg einen Lapislazuli vor
die Lilie und stell ein Glas Wasser auf einen Spiegel.
Dazu gehört die Beschwörungsformel:

Heilen beginnt mit Neubeginn.

Mein Herz ist offen, ich bin bereit.

Heute werde ich eine neue Liebe finden.

Göttin, du wirst sie mir zeigen.

So soll es sein.

Trink eine Tasse **Zimttee** mit etwas Honig gesüßt, den du gegen den Uhrzeigersinn mit einer Zimtstange verrührt hast. Streu ein paar Löffel Zimtpulver auf die Schwelle deiner Haustür und den Weg zur Straße. Wenn der Zimt von Schuhen zerdrückt wird, entfalten sich seine regenerativen Kräfte, die dir helfen, ein neues Kapitel in deinem Liebesleben aufzuschlagen.

DER HEXENKALENDER

6. Januar

FEST DER SIRONA, die Segnung der Quellen

11. Januar

DIE CARMENTALIA, ein Frauenfest, bei dem Hebammen
und Geburt im Mittelpunkt stehen

2. Februar

LICHTMESS, der Tag, an dem neue Hexen initiiert werden

14. Februar

DAS FEST DER APHRODITE,
ein Fest der Liebe (neuerdings Valentinstag)

20. März

FRÜHLINGS-TAGUNDNACHTGLEICHE,

zu der die mythologische Jungfrau mit dem Frühling
wieder auf der Erde erscheint

30. März

FRUCHTBARKEITSFEIER,

ein Frühlingsritus für das Pflanzen und Säen

28. April

DAS FEST DER FLORA, mit Ritualen, in denen die Fülle
der neuen Blumen und Feldfrüchte gefeiert wird

1. Mai

DAS ALTE «BELTANE», ein heidnisches Fest mit
Vereinigungsriten, die das Nahen des Sommers ankündigen

1. Juni

FESTLICHKEITEN VON EPIPI, Erkundung des Vollmonds
und seiner Mysterien

9. Juni

DIE VESTALIEN, DAS FEST DER VESTA, der römischen
Göttin von Heim und Herd

21. Juni

SOMMERSONNWENDE, wenn Feuerkreise die Mittsommer-
nacht anzeigen – die kürzeste Nacht des Jahres

7. Juli

NONAE CAPROTINAE, ein alter römischer Brauch
zu Ehren der Frauen, mit Festlichkeiten unter
dem symbolischen Feigenbaum

17. Juli

DER TAG DER ISIS, an dem die ägyptische Göttin
verehrt und verkörpert wird

2. August

DER LAMMAS-TAG, ein Ritual der Erinnerung
an die Mutter Erde und an Fortuna

13. August
DER FESTTAG DER DIANA, Jagdgöttin und Mondgöttin,
der mit Feuern und Pilgerzügen gehuldigt wird

21. August
CONSUALIA grüßt die kommende Ernte mit Tänzen,
Festlichkeiten, Liedern und Wettbewerben, in denen es
um Schnelligkeit und Stärke geht

23. September
HERBST-TAGUNDNACHTGLEICHE, das heidnische
Erntedankfest

31. Oktober
ALLERHEILIGEN, das Neujahr der Hexen, wenn der
Schleier zwischen den Welten am dünnsten ist

21. Dezember
WINTERSONNWENDE, der kürzeste Tag des Jahres,
Tod und Wiedergeburt der Sonne

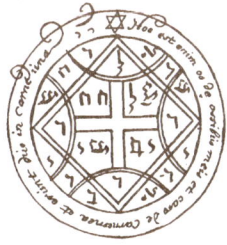

Pentagramm für die Liebe:
Zwingt die Geister der Venus zum Gehorsam.

Guter Zauber

für

Wohlstand und Erfolg

Scherz

ISBN: 3-502-12401

Guter Zauber

für

beste Gesundheit

Scherz

ISBN: 3-502-12402

Guter Zauber

für

innere Stärke

Scherz

ISBN: 3.502-12403

ILLUSTRATIONEN

Die Illustrationen in diesem Buch stammen aus
den folgenden Quellen:

Vorsatz, S. 17, 35: *Old English Cuts & Illustrations for Artists and
Craftspeople* by Bowles & Carver © 1970 Dover Publications, Inc.,
New York.
S. 1, 96: *Witchcraft, Magic & Alchemy* by Grillot de Givry
© 1971 Dover Publications, Inc., New York.
S. 21, 22, 40, 89: *Secrets of Magical Seals* by Anna Riva
© 1975 International Imports, Los Angeles.
S. 13, 58, 74: *The Hermetic Museum: Alchemy & Mysticism*
by Alexander Roob © 1997 Taschen Verlag, Köln.
S. 19, 43: *The Complete Encyclopedia of Illustration* by J. G. Heck
© 1979 Crown Publishers, New York.

BRENDA KNIGHT

Brenda Knight alias Hexe Bree befasst sich seit
ihrer Jugend mit Zauberei, Astrologie und dem Studium
mittelalterlicher Bräuche. Sie leitet Retreats und
Wicca-Workshops und lebt in San Francisco.

Margo Chase wurde für ihre Arbeit als grafische Designerin als eine der vierzig kreativsten Künstlerinnen der USA ausgezeichnet. Sie arbeitet für die Buch- und Filmbranche. Sie hat das Konzept und die Collagen für dieses Buch entworfen.

Die Informationen, die in diesem Buch vermittelt werden, stellen die subjektive Meinung beziehungsweise die Erfahrung der Autorin dar und wurden nach bestem Wissen und Gewissen aufgezeichnet. Eine Haftung der Autorin und des Verlags für etwaige Schäden, die sich aus dem Gebrauch oder Missbrauch des in diesem Buch präsentierten Materials ergeben, ist ausgeschlossen.